AUS DER BÜCHERSAMMLUNG
VON:
. . . .

EIN MUSEUM NUR FÜR MICH

„Gebt mir ein Museum, und ich werde es füllen.“

Pablo Picasso

Emma Lewis

Prestel
München · London · New York

Alle sagen,
dass mir Museen
sicher gefallen
werden.

Museen sind große Häuser, die mit den ältesten und seltsamsten Dingen aus der ganzen Welt gefüllt sind.

DIE MUSEEN!

WIGMORE
PORTMAN ST.
GRANVILLE
PORTMAN M.S.
HARDINGE
THAYER S.
MANDEVILLE
BENTINCK
WELBECK
MILL HILL
WOODSTOCK
GILBERT
BINNEY
BERKELEY
A5204
SQUARE
CHANDOS

Und es
gibt viele
davon!

Dieses Gebäude
ist riesig!

Es ist das
Archäologische
Museum.

Die Dinge darin sind Tausende von Jahren alt und stammen von fernen Orten

und sie alle sind
hier gelandet!

Stell dir vor, wer diese Töpfe einmal besessen hat

und diese Tasse

oder diese Tiere.
Die sehen genauso
aus wie die in meiner
Spielzeugkiste!

South opened One
West led the five of

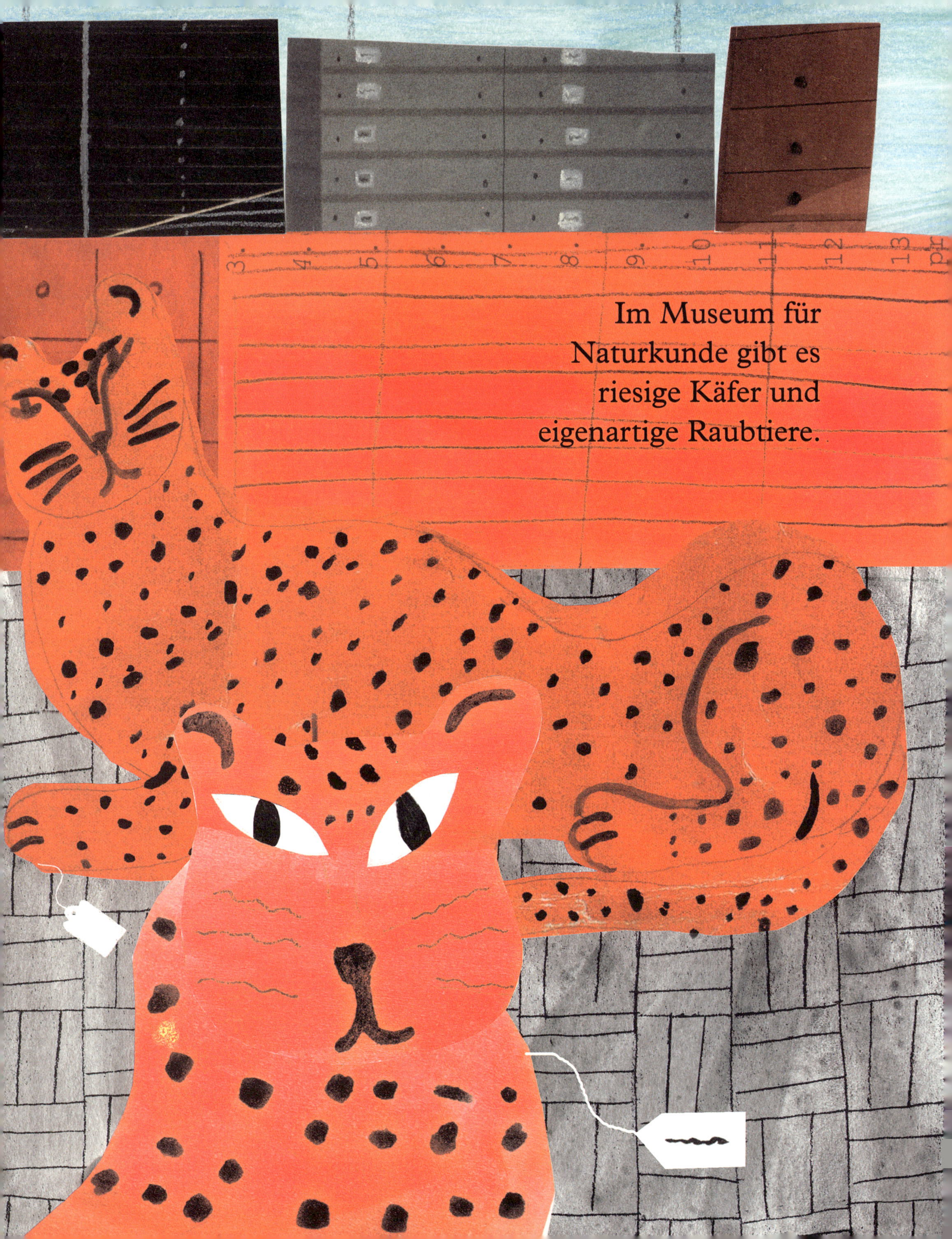

Im Museum für
Naturkunde gibt es
riesige Käfer und
eigenartige Raubtiere.

Räume voll mit
seltsamen Vögeln,
die ich noch niemals
zuvor gesehen habe …

VÖGEL
86
HORNBILLS AND TOUCANS

one
7
36
e case
3

und Schätze,
die furchtlose
Entdecker tief in
der Erde und weit
draußen im Meer
gefunden haben!

Aber diese
Sammlung hier
ist weder uralt
noch wild.

Das Kunstmuseum
ist ganz anders!

Jeder
hier mag
etwas
anderes.

Und weißt du,
nicht alle Museen
sind in großen
Gebäuden.

NACHRICHTEN
9 7 0260 9591

Dieses hier befindet
sich im Freien.

Es ist ein Museum
im Garten.

Da gibt es gezackte Palmen
und gefiederte Blätter und Blüten,
die so groß wie mein Kopf sind!

Eine Sammlung, die wächst.

Museen müssen auch
überhaupt nicht alt sein!

Im Museum
für Luft- und
Raumfahrt
findest du
allerlei neue
Dinge.

Was für Museen sie wohl dort oben
auf den Sternen haben?

Bestimmt unendlich viele!

Aber rate mal, welche
Sammlung wir
bisher noch nicht
gesehen
haben.

Sie ist voll
mit meinen
Lieblingssachen.

Das ist
das Museum,
das ich am
besten kenne.

Ein Museum nur für mich!

ADMISSION

ENDE

Was würdest du gerne sammeln?

Was ist in deinem Museum ausgestellt?

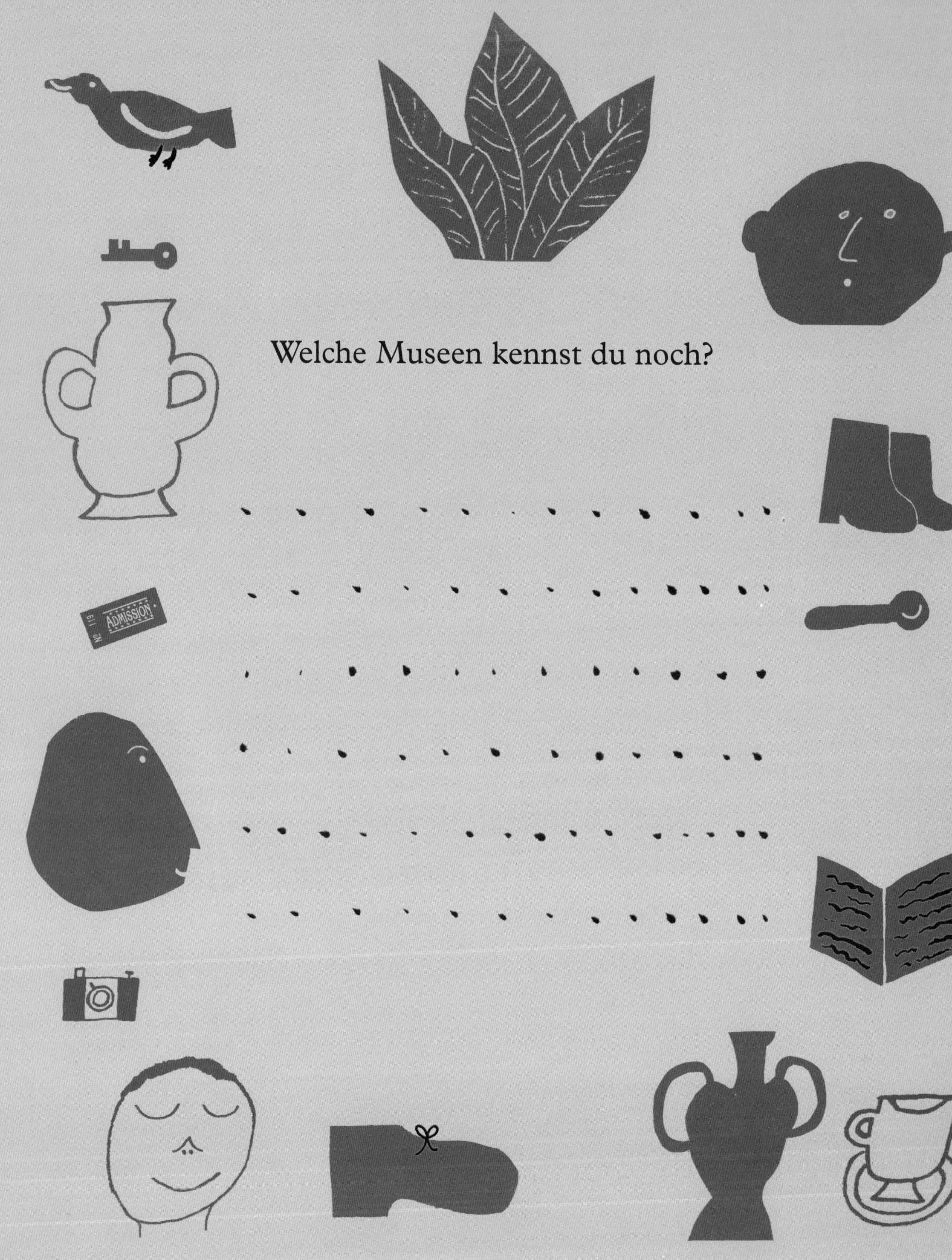

Welche Museen kennst du noch?

Kannst du dir ein paar neue ausdenken?

Was glaubst du, wem die alten Spielzeugtiere einmal gehört haben?

Kannst du hier noch mehr davon zeichnen?

Welches ist dein Lieblingsbild
aus dem Kunstmuseum?

Kannst du hier ein paar Bilder für
deine eigene Galerie zeichnen?

Für Mama und Papa

Mit besonderem Dank an Anna, Alice, Angela und Lizzie

Übersetzung: Mareike Rinke
Lektorat: Doris Kutschbach
Herstellung: Lisa Preissler

Verlagsgruppe Randomhouse FSC® N001967

Printed in China

ISBN 978-3-7913-7298-3

www.prestel.de